Angelika Kipp

Stecker

aus Windowcolor

frechverlag

Ein exotischer Mitbewohner

Motivhöhe: ca. 15 cm

Wenn diese Schlange auf Ihrer Terrasse oder auf dem Balkon wohnt, brauchen Sie sich nicht zu fürchten, denn sie ist völlig ungiftig!

Zeichnungen: Berthold Kipp
Fotos: frechverlag GmbH + Co. Druck KG, 70499 Stuttgart;
Fotostudio Ullrich & Co., Renningen

Dieses Buch enthält:
1 Vorlagenbogen

Materialangaben und Arbeitshinweise in diesem Buch wurden von der Autorin und den Mitarbeitern des Verlags sorgfältig geprüft. Eine Garantie wird jedoch nicht übernommen. Autorin und Verlag können für eventuell auftretende Fehler oder Schäden nicht haftbar gemacht werden. Das Werk und die darin gezeigten Modelle sind urheberrechtlich geschützt. Die Vervielfältigung und Verbreitung ist, außer für private, nicht kommerzielle Zwecke, untersagt und wird zivil- und strafrechtlich verfolgt. Dies gilt insbesondere für eine Verbreitung des Werkes durch Film, Funk und Fernsehen, Fotokopien oder Videoaufzeichnungen sowie für eine gewerbliche Nutzung der gezeigten Modelle.

Auflage:	5.	4.	3.	2.	1.	Letzte Zahlen
Jahr:	2005	2004	2003	2002	2001	maßgebend

© 2001

ISBN 3-7724-2748-0 · Best.-Nr. 2748

frechverlag GmbH + Co. Druck KG, 70499 Stuttgart

Druck: frechverlag GmbH + Co. Druck KG, 70499 Stuttgart

Windowcolor ist total in!

Fensterbilder, Mobiles und andere Dekorationen aus Windowcolor sind schon seit einiger Zeit der Renner. Doch jetzt kommt eine neue Variante dieser beliebten Farbe: Stecker aus Windowcolor!

Ob im Haus oder auf Balkon und Terrasse im Blumentopf oder -kasten – drinnen und draußen sind diese fröhlichen und dekorativen Stecker tolle Hingucker. Eine bunt gepunktete Schlange schaut als neue Mitbewohnerin sehr zum Erstaunen des Betrachters aus dem Blumentopf, bunte Falter sind in Ihrem Garten heimisch geworden und glitzernde Fische und Fantasievögel verschönern Ihr Heim. Für jede Jahreszeit wird etwas Passendes geboten!

Die Motive, die auf Mobile- oder Laternenfolie gemalt werden, werden teilweise noch mit Perlen, Ketten, Federn u. a. verschönt und sind alle einfach nachzuarbeiten. Sie sind außerdem ein gern gesehenes Mitbringsel für gute Freunde.

Viel Spaß beim Basteln wünscht Ihnen

Angelika Kipp

Material und Werkzeug

- Windowcolor-Konturenfarbe in Goldglitter, Silberglitter, Schwarz, Kupfer, Blau
- Windowcolor in verschiedenen Farbtönen
- Mobilefolie, ca. 0,2 mm dick
- Laternenfolie, ca. 0,4 mm dick, für große Bastelwerke (mehr Stabilität)
- Malfolie aus PP oder PE, z. B. Prospekthüllen
- Transparentpapier
- Messingstäbe, Ø 2 mm (Baumarkt)
- Verschiedene Perlen (s. jeweilige Anleitung)
- Federn in Gelb
- Gold- und Silbersternchen
- Verschiedene Geschenkbänder (s. jeweilige Anleitung)
- Wasserfester schwarzer Filzstift
- Schwarzer Filzstift
- Maldüse für Windowcolor-Flaschen, Ø 0,9 mm
- Klebstoff (UHU Kraft, UHU Alleskleber)
- Efeuzweig (künstlich)
- Nähgarn, Nadel
- Zange
- Lochzange
- Gärtnerband in Grün, 1,2 cm breit
- Floristendraht, Ø ca. 0,35 mm
- Feiner Kupferdraht, Ø ca. 0,25 mm
- Plombendraht in Silber, Ø 1 mm
- Stieldraht, grünlackiert, Ø 0,8 mm
- Bouillondraht in Gold, Ø 1,5 mm
- Kugelkette aus verchromtem Messing, Kugeldurchmesser 3 mm (Baumarkt)

Der Plomben-, Stiel- und Bouillondraht ist im Bastelfachhandel erhältlich.
Bitte beachten Sie auch die Materiallisten bei dem jeweiligen Stecker.

Mobilefolie

Für alle Motive in diesem Buch habe ich als Träger Mobilefolie (0,2 mm dick) verwendet. Bei größeren Motiven sollten Sie Laternenfolie (0,4 mm dick) benutzen, damit die Stecker stabil genug sind.
Eine Ausnahme stellen die dreidimensionalen Blumen dar. Die Blüten und Blätter werden nicht auf Mobilefolie, sondern auf Prospekthüllen gemalt, da die benötigten Teile nach dem Trocknen der Farbe von der Folie gelöst werden.

So wird's gemacht

Anbringen einer Kugelkette als Kontur

Zeichnen Sie mit Alleskleber die Kontur des untergelegten Motivs auf der Mobilefolie nach. Nachdem er etwas angetrocknet ist, legen Sie die Kette darauf und drücken sie leicht an. Bei einer Knickstelle wird die Kette einfach an der entsprechenden Stelle mit einer Zange getrennt und dann erneut angelegt.
Die Windowcolorfarbe, mit der das Motiv ausgefüllt wird, muss dicht an das Metall gebracht werden, damit eine Verbindung entsteht. Nach dem Trocknen der Farbe wird die Form aus der Folie herausgeschnitten.

Metallstäbe biegen und ankleben

Die Metallstäbe biegen Sie folgendermaßen: Legen Sie den Stab um eine Glasflasche (z. B. Sprudelflasche) und biegen Sie ihn mit der Hand.
Die Öse zum Aufhängen der Motive wird mit einer Zange geformt.
Bei den Steckern werden die Stäbe von der Rückseite mit Kraftkleber befestigt.

So entsteht eine Schleife:

1. + 2. Legen Sie das Schleifenband wie auf Abbildung 1 und 2 gezeigt zu einer Schleife zusammen.

Abb. 1

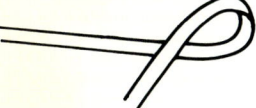

Abb. 2

Abb. 3

3. Mit einem dünnen Draht wird die Schleife dort, wo sich die Bänder treffen, zusammengerafft und mehrmals straff umwickelt. Zum Schluss werden die Drahtenden miteinander verdreht. Umwickeln Sie die Raffstelle mit dem dünnen Schleifenband und verknoten Sie es auf der Rückseite.
Die Schleifen werden mit Alleskleber am Windowcolormotiv befestigt.

So entsteht ein Stecker:

1. Legen Sie die kopierte oder die vom Vorlagenbogen auf Transparentpapier

abgepauste Vorlage unter die Mobile- oder Laternenfolie.

2. Die Linien werden mit der entsprechenden Konturenfarbe nachgemalt. Wenn in der Anleitung kein Farbton erwähnt wird, wird schwarze Konturenfarbe verwendet. Wenn Sie feine Konturenlinien zeichnen möchten, verwenden Sie eine Malspitze, die auf die Malflasche gesteckt wird. Die Konturen sollten einige Stunden lang trocknen (s. Herstellerangaben).

3. Tragen Sie nun die farbigen Windowcolorfarben aus der Flasche auf die gewünschten Flächen auf. Die Farbe muss direkt bis an die Konturenlinie reichen, damit sie sich verbinden. Die milchigen Farben werden nach dem Trocknen transparent. Freie Zwischenräume werden mit transparenter Windowcolorfarbe ausgefüllt. Die Farbe muss mindestens 24 Stunden lang trocknen.

Ist die Farbe getrocknet, schneiden Sie das Motiv aus der Mobilefolie heraus. Diese Folie gibt dem Stecker die nötige Stabilität.

Das Motiv wird nun mit einem Metallstab hinterklebt oder an einen Metallstab gehängt.

So entstehen Blumen aus Draht:

1. Entnehmen Sie die Grundformen der Blüten und Blätter dem Vorlagenbogen. Mit dem jeweiligen Draht formen Sie die Blätter und Blüten entsprechend dieser Vorlagen. Die Enden werden fest verdreht und ein Stiel wird stehen gelassen.
2. Die Drahtform samt Stiel muss ganz glatt auf der Folie (z. B. Prospekthülle) liegen, damit die Farbe die Blatt- oder Blütenform ganz ausfüllen kann. Zwischen der Farbe und dem Draht muss eine Verbindung zustande kommen. Die Farbe sollte so dick wie der Draht ist aufgetragen werden. Farbe, die unter dem Draht hindurch läuft, kann, nachdem sie trocken ist, mühelos mit einer Schere entfernt werden. Die Farbe muss mindestens zwei Tage lang trocknen! Bewegen Sie die Blüten und Blätter solange auf keinen Fall!
3. Als Staubgefäße dienen Perlen, die auf einen Draht gefädelt werden. Der Draht wird unterhalb der Perle verdreht, sodass diese nicht verrutscht. Mehrere solcher Drähte werden in unterschiedlicher Länge zum Bündel zusammengefügt und mit Floristendraht verdrahtet. Die Blütenblätter lassen sich, nachdem sie trocken sind, leicht in die gewünschte Form biegen und werden um die Staubgefäße herum angeordnet. Der Metallstab, der als Stängel dient, wird zwischen den Drahtenden eingearbeitet. Umwickeln Sie alles fest mit dem Gärtnerband. Die Blätter werden wie gewünscht angebracht und ebenfalls mit dem Gärtnerband am Stiel befestigt.

Frische Früchtchen

Motivhöhe: ca. 11,5 cm

Eine hübsche Dekoration sind diese leckeren Früchte.
Die gelben Tupfen auf der Erdbeere werden zuerst aufgemalt. Erst nachdem diese trocken sind, wird das Rot ergänzt. Stanzen Sie mit der Lochzange eine kleine Öffnung in den Stiel der Erdbeere und befestigen Sie dann den Metallstab daran, dessen Ende zu einer Öse umgebogen wird.

Hier ist unser Lieblingsplatz!

Motivhöhe: ca. 17,5 cm

Das kleine Entenpaar hat sich diesen Terrakottatopf als Lieblingsplatz auserkoren.
Nachdem die beiden Entchen auf Mobilefolie gemalt und nach dem Trocknen ausgeschnitten wurden, wird ein Metallstab (Ø 2 mm, 1 m lang) zu einem Bogen geformt. Die Enden der Stange werden mit einem dünnen Draht miteinander verbunden, damit der Bogen seine Form behält.
Jedes Tier ist an einem Faden befestigt, der durch die markierte Stelle am Kopf mit einer Nadel gezogen wurde. Auf diesen Faden werden gelbe und blaue Perlen (Ø 1 cm) gefädelt (linke Ente: 5x blau, 5x gelb; rechte Ente: 3x gelb, 4x blau).
Knoten Sie das Duo samt Perlen am Draht fest. Ein wenig Klebstoff schützt vor einem Verrutschen.
Befestigen Sie einen Efeuzweig mit ein wenig Klebstoff am Metallbogen. Zwei kleine gelbe Federn schmücken das Grün.
Ein netter Anblick!

Wunderschöne Schmetterlinge

Motivhöhen:
Großer Schmetterling ca. 11 cm
Kleiner Schmetterling ca. 9 cm

Diese hübschen Falter werden Ihnen lange Freude bereiten!
Die Kontur des linken Schmetterlingsteckers wird in Blau gearbeitet.
Beim rechten Schmetterling wurde eine Kugelkette als Kontur aufgeklebt (s. Anleitung Seite 4).
Nach dem Trocknen der Farbe wird der Falter mit einem dünnen Faden am gebogenen Metallstab befestigt oder mit einem Metallstab hinterklebt.

Eine große Blume

Motivhöhe Blüte ohne Stiel:
ca. 12,5 cm

Diese Blume leuchtet durch ihre kräftige rote Farbe und die goldenen Konturen.
Die Konturen werden auf der Mobilefolie mit der Konturenfarbe Goldglitter nachgezogen. Das Blüteninnenteil wird ebenfalls mit der Goldglitter-Konturenfarbe ausgefüllt.
In die noch feuchte Farbe werden sechs Goldperlen (Ø 4 mm) gedrückt. Nun können Sie die Blütenblätter mit Rot ausmalen. Nach dem Trocknen der Farbe werden die Blütenstrahlen mit der Goldglitter-Kontur aufgemalt.
Die grünen Blätter werden wie auf Seite 6 beschrieben hergestellt. Sie können sie ganz nach Wunsch biegen.
Der Metallstab wird mit grünem Gärtnerband (1,2 cm breit) umwickelt. Mit diesem Band werden auch die Blätter am Stiel befestigt.
Eine wunderschöne Blume!

Kindergeburtstag

Motivhöhe einzelner Teddy:
ca. 14,5 cm

Diese lustigen Teddystecker sind eine hübsche Dekoration auf jedem Kindergeburtstag.

Die Punkte auf der Schleife werden erst, wenn die Farbe getrocknet ist, aufgetupft. Die Beschriftungen können Sie mit einem wasserfesten Stift oder mit Konturenfarbe aufbringen. Die Motive werden an einem Metallstab befestigt.
Der Teddykopf wirkt auch ohne Schild einfach schön, wie man am Saftglas sehen kann!

Schiff ahoi!

Motivhöhe: ca. 16 cm

Wenn der Wind die Backen bläht, fahren die Segelschiffe übers Meer – oder über Ihre Terrasse!
Legen Sie die Mobilefolie auf das ausgewählte Motiv auf den Vorlagenbogen und kleben Sie mit ein wenig Alleskleber die Kugelkette (ca. 40 cm lang) auf die Bootsform. Beachten Sie hierzu die Hinweise auf Seite 4.
Statt der Kette können Sie auch die Konturenfarbe Silberglitter verwenden. Die übrigen Konturen werden in Schwarz gestaltet.
Ist die aufgetragene Farbe getrocknet, schneiden Sie das Motiv aus der Folie heraus.
An einem Metallstab befestigt kann das Schiff auf große Fahrt gehen.

Kunterbunte Libellen

Motivlängen:
Große Libelle ca. 10 cm
Kleine Libelle ca. 8 cm

In der Nähe von Teichen schwirren die bunt schillernden Libellen umher.
Tragen Sie die schwarze Konturenfarbe auf (die Flügel ausgenommen). Nachdem die farbig gestalteten Flächen getrocknet sind, kleben Sie den Bouillondraht um die Flügel herum. Statt des Drahtes können Sie auch Konturenfarbe in Goldglitter verwenden.
Schneiden Sie die Libelle aus der Folie heraus und stechen Sie mit einer Nadel in die markierten Stellen je ein kleines Loch. Stieldraht wird von oben hindurchgesteckt. Drücken Sie die Flügel ein wenig nach oben und verdrehen Sie den Draht unter dem Libellenbauch. Der überstehende Draht wird zum Stecken verwendet. Den sichtbaren Draht können Sie mit einem wasserfesten Stift in Schwarz bemalen.

Fantasievögel

Motivhöhen:
Linker Vogel ca. 27 cm
Rechter Vogel ca. 23 cm

Hier können Sie Ihren Farbfantasien freien Lauf lassen, damit die Paradiesvögel wunderschön leuchten!
Bis auf die Krone des rechten Vogels, für die die Konturenfarbe Goldglitter verwendet wird, sind die übrigen Kon-

turen mit schwarzer Konturenfarbe aufgebracht.
Malen Sie das Gefieder der schönen Tiere bunt aus. Die Punkte auf dem Kopfteil des rechten Vogels werden auf die bereits getrocknete Farbe getupft.

Fixieren Sie jeweils zwei Metallstäbe hinter den Vogelkörpern, damit sie besser stehen.
Nun können Sie für die Tiere einen geeigneten Platz suchen. Ein farbenfroher Anblick!

Glockenblumen

Motivhöhe Blüte: ca. 11,5 cm

Einzeln und als Duo wirken diese Blüten sehr dekorativ.

Jede Blüte wird mit einem Faden und drei Perlen (2x blau, 1x gelb, Ø 1 cm) an der Messingstange, deren Ende zu einer Öse gebogen wird, befestigt.
Wenn Sie zwei Blüten wie auf dem Foto zu einer Blume zusammenfügen möchten, werden die zwei Stängel der einzeln gearbeiteten Blüten mit einem Draht umwickelt und dadurch zusammengefügt.

Pflegeleichte Blütenpracht

Motivhöhen pro Blume: ca. 34 cm

Diese Blumen sind sehr pflegeleicht, brauchen kein Wasser und sind trotzdem lange haltbar.

Die Arbeitsanleitung für diese plastischen Blumen finden Sie auf Seite 6.
Statt des Plombendrahts können Sie als Kontur natürlich auch andere Drahtarten verwenden. Achten Sie jedoch darauf, dass diese rostfrei sind, wenn Sie die Blumen im Außenbereich aufstellen wollen.

Glänzende Fische

Motivhöhe: ca. 7,5 cm

Ein Blickfang sind diese Fische, die in Blau-, Lila- und Silbertönen schillern.

Legen Sie die Vorlage unter die Laternenfolie und umfahren Sie die Kontur mit wenig Alleskleber. Legen Sie die Kugelkette (ca. 65 cm lang) auf diese Kontur. An Knickstellen wird die Kette einfach mit einer Zange getrennt und neu angesetzt.

Sie können auch, wie auf der rechten Seite zu sehen, die Kontur mit Konturenfarbe in Silberglitter gestalten.
In die noch feuchte Farbe werden blaue und grüne Glasperlen (Ø 2 mm) gestreut. Nach dem Trocknen der Farbe wird der Fisch aus der Folie geschnitten und an einem Metallstab befestigt. Bei den beiden rechten Fischen werden pro Motiv 13 Silberperlen (Ø 4 mm) auf einen Faden gezogen, der dann an den Metallstab geknotet wird.

Schillernde Schneckenhäuser

Motivhöhe: ca. 5 cm

Diese schönen Exemplare können Sie vielseitig als Stecker oder auch als Hänger gestalten.

Als Konturenfarbe wird Goldglitter verwendet. Sind die aufgetragenen Farben getrocknet, wird die Muschel aus der Mobilefolie geschnitten.
Mit einer Nadel stechen Sie an den markierten Stellen eine Öffnung in das Motiv, durch die der Stieldraht gezogen wird.
Viel Spaß beim Dekorieren!

Von Herzen!

Motivhöhen:
Großes Herz ca. 7 cm
Kleines Herz ca. 6 cm

Wer sagt denn, dass Herzen immer rot sein müssen! Diese Herzen im modernen Design beweisen das Gegenteil.

Formen Sie mit dem Plombendraht die Herzen wie auf dem Vorlagenbogen. Die Enden des Plombendrahts werden um den Stieldraht gewickelt. Legen Sie die Form flach auf Mobilefolie und gestalten Sie diese nach Ihren Wünschen. Lassen Sie die Farbe trocknen.
Die Herzen werden aus der Mobilefolie geschnitten. Überstehende Farbe, die unter den Draht geflossen ist, wird dabei mit der Schere abgeschnitten.
Lass Herzen sprechen!

Meerestiere

Motivhöhen:
Seestern ca. 11 cm
Krebs ca. 14 cm

Passen Sie auf, dass Sie der Krebs beim Ausmalen nicht in die Finger zwickt!

Beim Krebs wird Silberglitter erst nach dem Trocknen der Farbe aufgetragen.
Beim Seestern werden zuerst die blauen Glitterpunkte aufgemalt. Erst nach dem Trocknen der Farbe wird der Körper ausgemalt.
Beide Tiere werden jeweils an einem Metallstab befestigt.

Gleich ist's geschafft!

Motivhöhe Maus: ca. 13 cm

Dieses Mäuschen hat gleich sein leckeres Ziel erreicht.
Stecken Sie den Metallstab durch die geöffneten Beine und die mit einer Lochzange ausgestanzte Öffnung in der Pfote. So kann das Mäuschen an dem Stab zum aufgeklebten Käse klettern.
Auf das Ende der Stange wird eine Goldperle (Ø 1,4 cm) gesetzt.
Na dann guten Appetit!

Vorsicht, Feuer!

(Abbildung Seite 26)

Motivhöhe: ca. 26,5 cm

Die Sensation in Ihrem Garten: ein Feuer speiender Drache!
Für die Flamme werden die gelbe und die rote Farbe im Maulbereich ein wenig mit einem spitzen Gegenstand (z. B. Zahnstocher) vermischt.
Mit einem Faden, drei grünen und drei gelben Perlen (Ø 1 cm) wird er an einen gebogenen Messingstab gebunden.

Vorsicht, Feuer!
(Beschreibung Seite 25)

Bunte Herbstzeit

**Motivhöhe
einzelnes Blatt:
ca. 10 cm**

Bunte Blätter, die in der Herbstsonne leuchten, sind eine schöne Dekoration an diesem Weidenbund.
Die mit Kupferkontur umrandeten Blätter werden mit einem Kupferdraht an den einzelnen Weidenästen befestigt.
Eine passende Kordel oder ein Geschenkband runden diesen stimmungsvollen Herbstschmuck ab.

Schlaf schön!

Motivhöhe: ca. 17 cm

Wenn sich die Sonne schlafen legt, dann erscheint der Mond am Himmel. Legen Sie Mobilefolie auf die Vorlage und umfahren Sie die Kontur des Mondes mit wenig Alleskleber. Legen Sie die Kugelkette (ca. 72 cm lang) auf die Kontur des Mondes. Überstehende Teile werden mit der Zange angepasst (s. Hinweis Seite 4). Mit einem Silberband wird der Mond an dem gebogenen Metallstab befestigt.

Sternenglanz

Motivhöhe: ca. 13 cm

Glitzernde Sterne gehören zur Weihnachtszeit unbedingt dazu.
Malen Sie die Kontur auf die Mobilefolie und füllen Sie die Innenfläche mit Goldglitter-Farbe aus. In die noch nasse Farbe werden Goldperlen (Ø 6 mm) oder kleine Metallsterne (Ø 4 mm) gestreut.
Knoten Sie den Stern mit drei Goldperlen (Ø 1 cm) und einem Faden an einen gebogenen Metallstab.
Eine schöne Weihnachtszeit!

Sternenkränze

Motivhöhe: ca. 9 cm

Mit diesen bei Kerzenschein funkelnden Sternenkränzen wird Ihre Weihnachtsdekoration der Hit!
Tragen Sie Silberglitter-Farbe auf die ringförmig ausgeschnittene Mobilefolie auf. In die noch feuchte Farbe drücken Sie die silbernen Metallsternchen (Ø 2 cm).
Die Kränze werden an Metallstäbe geklebt und weihnachtlich dekoriert.

Es weihnachtet sehr

Motivhöhen:
Große Kerze ca. 14 cm
Kleine Kerze ca. 12 cm
Große Glocke ca. 12,5 cm
Kleine Glocke ca. 9,5 cm

Kerzen und Glocken verleihen der Advents- und Weihnachtszeit strahlenden Glanz und dem Raum Atmosphäre. Die Motive werden mit Goldglitter-Konturenfarbe umrandet und mit Window-colorfarben ausgemalt. Jede Kerze wird an einem Metallstab befestigt. Die Glocken werden jeweils mit einem Faden, auf den je drei Goldperlen (Ø 1,4 cm) gefädelt werden, an gebogene Metallstäbe gehängt.
Eine schöne Advents- und Weihnachtszeit!

Kühle Gesellen

Motivhöhe: ca. 15,5 cm

Wenn die Schneeflocken vom Himmel fallen, trifft man überall diese kühlen, aber freundlichen Gesellen.
Mit ihrer schönen Schleife (Schleifenband in Rot oder Blau: 2,5 cm breit, 25 cm lang; passendes schmales Band: 3 mm breit, 10 cm lang) haben sie sich besonders hübsch gemacht. Wie die Schleifen angefertigt werden, steht auf Seite 5. Befestigen Sie jeden Schneemann mit einem Faden und vier weißen Holzperlen (Ø 1 cm) an einem gebogenen Metallstab.